LA CHASSE AUX JOBARDS,

VAUDEVILLE EN UN ACTE,

Par MM. LEFRANC et LABICHE,

Représenté pour la première fois à Paris, sur le théâtre des FOLIES-DRAMATIQUES,
le 18 Mai 1847.

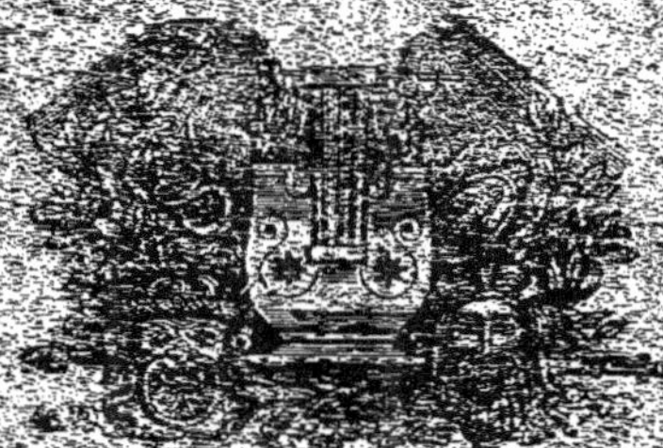

Prix : 50 centimes.

PARIS,
BECK, ÉDITEUR,
RUE LIT-DE-CŒUR, 12.
TRESSE, successeur de J.-N. BARBA, Palais-Royal.

1847.

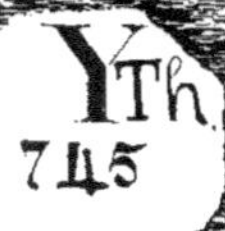

LA CHASSE AUX JOBARDS,

VAUDEVILLE EN UN ACTE,

Auguste

PAR MM. LEFRANC ET LABICHE,

Représenté pour la première fois, à Paris, sur le théâtre des FOLIES-DRAMATIQUES,
le 18 Mai 1847.

PERSONNAGES.	ACTEURS.
ISOLINE...	Mmes DUVERNOY.
MADAME SAINT-FLORENTIN, solliciteuse.....................	SOPHIE.
MADAME MALABAR, marchande à la toilette.................	HOUDRY.
MADAME GUENUCHAUD, veuve d'un général.................	ADAM.
PASSE-LACET, grisette.............................	LEROUX. / MARTINEAU.
CAROLINE, épileuse...............................	PETITET. / LEBAILLY.
MANDARINE, figurante.............................	ÉLISA.
MADAME CABRIOT, femme de lettres.....................	MARÉCHAL.
GIBOULETTE, modèle................................	DANIEL.
LÉOCADIE, femme de chambre.......................	CAMILLE.
GUENUCHAUD, sous le nom de Floridor.................	MM. HEUZEY.
COLOMBIN, jeune provincial.........................	DELIÈRE.
CAMUSARD, clerc d'huissier.........................	COUTARD.
CLERCS D'HUISSIERS................................	

Le théâtre représente un salon. — Porte principale au fond. — Portes latérales, deux fenêtres. — Au fond, à gauche, une armoire avec un guichet. — A droite, une table.

SCÈNE PREMIÈRE.

FLORIDOR, ISOLINE.

FLORIDOR, *embrassant Isoline sur le front.*

Adieu, mon enfant, je vais passer deux jours à Saint-Germain-en-Laye... pour affaires qui me concernent... de l'argent qu'on me doit... Ne vous ennuyez pas trop, et noyez les chagrins de l'absence dans ce sac de marrons glacés.

ISOLINE, *avec mélancolie.*

Vous partez...

FLORIDOR.

Oui, pour revenir plus tôt mettre ma main à vos pieds... hein?

ISOLINE.

Vous ne me trompez pas?

FLORIDOR.

Par exemple... seulement je vous recommande une chose, ne recevez pas vos amies; elles ont des goûts et des plaisirs que je blâme totalement! Flanquez-les à la porte... avec tous les égards dus à leur sexe... Voilà mon vœu.

ISOLINE.

Comptez là-dessus.

FLORIDOR.

Allons, adieu!... amusez-vous bien... occupez-vous... brodez-moi des bretelles... ou un cordon de sonnette... à votre choix... Faites-moi une surprise... la surprise, voyez-vous, trouve tôt ou tard sa récompense... Adieu! pensez à votre petit Floridor, à votre petit dodor... (*Il sort*).

SCÈNE II.

ISOLINE, CORALIE, MANDARINE, GIBOULETTE, MADAME CABRIOT, *elles entrent deux par deux en galopant et chantant.*

Air : *Larifla.*

Larifla fla fla, (*ter.*)
Enfin, m'sieu Floridor
A passé l' corridor,
Quand les chats sont aux champs
Les rats s'donn' du bon temps.
Larifla fla fla, (*ter.*)

GIBOULETTE.

Voyez-vous monsieur l'ancien régime! qui veut

1847

empêcher Isoline de voir ses petites camarades !

CORALIE.

Sous le vain prétexte que nous aimons à rire et à nous amuser.

MANDARINE.

Et que nous ne sommes pas assez haut placées dans la société.

GIBOULETTE.

Mais c'est ce qui te trompe, vieux sapajou! on en a peut-être de plus hautes que toi, des [positions. Il me semble que quand on a posé [pour la Judith de M. Vernet, une tête d'expression... on peut se vanter d'être sur un certain pied dans le monde.

MANDARINE.

Et moi, ne suis-je pas artiste dramatique ?

CORALIE.

Et moi épileuse pour dames et pour messieurs leurs maris ?

MADAME CABRIOT.

Et moi femme de lettres ?

Air : *du roi d'Yvetot.*

MADAME CABRIOT.

Pour un tas de journaux morts-nés,
De Messagers des Dames,
Faire la chasse aux abonnés ;
Rédiger des réclames ;
De la mode, être l'étendard
Et pincer son petit canard,
Dard dard,
Oh ! oh ! oh ! oh ! ah ! ah ! ah ! ah !
Le joli métier que voilà la la.

GIBOULETTE.

Au talent, qui tient un pinceau,
Servir d'heureux modèle,
Et figurer dans maints tableaux
Qui tous vous montrent belle,
Enfin de l'artiste français
Partager tous les grands succès,
Ah ! mais !
Ah ! oh ! oh ! oh ! ah ! ah ! ah ! ah !
Le joli métier que voilà la la.

MANDARINE.

Pour d'venir, un jour d'mamzell Mars
La rival' sans contrôle,
D'puis l'mois d'avril, jusqu'au mois d'mars,
Ne jouer que des bouts d'rôle ;
Figurer sans gagner un sou
Au théâtre du Gros-Caillou
Bouch'trou,
Oh ! oh ! oh ! oh ! ah ! ah ! ah ! ah !
Le joli métier que voilà la la.

CORALIE.

Ecarter tous les cheveux blancs
Du chef que l'on protège ;

Du fronton des vieux monuments
Faire tomber la neige.
Ram'ner l'amour qu'elle exila
Sur une tête chinchilla,
Oui-da !
Oh ! oh ! oh ! oh ! ah ! ah ! ah ! ah !
Le joli métier que voilà la la.

ISOLINE.

Il est clair que vous êtes des femmes incomprises... par M. Floridor... mais il ne s'agit pas de çà ; nous sommes seules... nous nous appartenons... faut tâcher de nous amuser.

MANDARINE.

Une idée... si nous nous amusions... à déjeûner ?...

TOUTES.

Adopté, adopté !

ISOLINE.

Ah ! voyons, qu'est-ce que je vais vous offrir ?

CORALIE.

Fais-nous monter n'importe quoi.

GIBOULETTE.

Avec beaucoup de cornichons... trop de cornichons.

ISOLINE.

Avant tout, mes amies, je dois vous faire un aveu pénible... je n'ai pas le sou...

CORALIE.

Mais avec un intérieur aussi chamarré, on doit avoir un crédit ouvert dans le quartier.

ISOLINE.

Je l'avais... mais il est resté si longtemps ouvert !... faut trouver autre chose... Attendez, je vais appeler ma bonne. (*Elle sonne.*)

LÉOCADIE, *entrant.*

Madame a sonné ?

ISOLINE.

Oui... as-tu de l'argent ?

LÉOCADIE.

J'ai dix-huit sous.

TOUTES, *avec joie.*

Elle a dix-huit sous.

LÉOCADIE.

A votre service ; et puis j'ai retrouvé un ancien morceau de bouilli froid.

GIBOULETTE.

Du bouilli froid, j'en raffole.

ISOLINE, *à Léocadie.*

Va, ma fille, cours... prends ce qui nous manque pour établir la vinaigrette... nous, nous allons mettre le couvert.

MANDARINE.

Et du pain?

LÉOCADIE.

Ah! j'oubliais... il reste des biscuits de Reims.

GIBOULETTE.

Des biscuits de Reims! qui est-ce qui demande du pain ?

TOUTES.

À bas le pain !

LÉOCADIE.

Et de plus, un Napoléon en chocolat.

TOUTES.

Vive l'Empereur !

CHŒUR.

Air : *Jurons* (le lierre et l'ormeau.)

Chantons,
Rions,
Dansons,
Oui, moquons-nous gaîment du lendemain ;
A nous plaisir, folie
Et descendons le fleuve de la vie ;
Nous tenant toutes par la main,
Narguons l'chagrin ;
Bravons l'destin
En nous t'nant toujours par la main.

(*Léocadie sort. Elles mettent le couvert.*)

GIBOULETTE.

Où est la nappe ?

ISOLINE.

A la blanchisseuse... c'te bête-là qui me retient toujours mon linge.

GIBOULETTE.

Elles sont toutes comme ça... je vais prendre un rideau.

CORALIE.

Bravo... les anneaux, ça nous servira de ronds de serviettes.

MADAME CABRIOT.

Des serviettes, bon pour les gens malpropres.

MANDARINE, *achevant de mettre le couvert.*

Voilà ce que c'est. (*On entend sonner.*)

ISOLINE.

Ah ! mon Dieu, ma propriétaire !

GIBOULETTE.

Combien de termes ?

ISOLINE.

Trois.

GIBOULETTE.

Que ça ?... elle peut entrer.

ISOLINE.

Surtout, Mesdemoiselles, de la tenue ; madame Guenuchaud est une femme très bien.

CORALIE.

Tiens, Guenuchaud... J'ai épilé un nom comme ça.

~~~~~~

SCÈNE III.

LES MÊMES, MADAME GUENUCHAUD.

ISOLINE.

Madame, puis-je savoir ce qui me procure

l'honneur... nous allions nous mettre à table... un petit repas de famille... si vous vouliez accepter ?

MADAME GUENUCHAUD.

Bien obligée, Mademoiselle... une femme comme moi ne s'attable point ainsi avec tout le monde.

GIBOULETTE, *à Mandarine.*

En voilà un genre !

MANDARINE, *à Giboulette.*

Quelle cassure !

MADAME GUENUCHAUD.

Quand on a porté le nom d'un général de l'empire... qu'on a dîné à l'Élysée et soupé à la Malmaison, on a bien le droit...

GIBOULETTE.

Eh ! quoi, le général Guenuchaud...

MADAME GUENUCHAUD.

Guenuchaud, fi donc !... M. Guenuchaud, c'est mon second mari... un homme de rien que mon grand nom a séduit, et que j'ai daigné élever jusqu'à moi.

MADAME CABRIOT.

Vous l'aimâtes ?

MADAME GUENUCHAUD.

Allons donc.

Air : *de la Colonne.*

Je restai veuve et seule sur la terre ;
Quand mon premier, fen de Chauvinancourt,
Perdit la vie au passage... du Caire
En emportant avec lui mon amour...
Il m'a laissé cet' maison en retour ;
Je l'aime encore, hélas, et Dieu sait comme
Si le hasard a permis que ma main
Ait dérogé jusqu'à prendre un vilain,
Mon cœur est resté gentilhomme.

Aussi moi et Guenuchaud, nous sommes-nous mariés séparés de biens. C'est moi qui administre ma fortune, qui touche mes fermages... (*A Isoline*). C'est trois termes que vous me devez.

ISOLINE.

Je vous paierai tout ça ensemble.

MADAME GUENUCHAUD.

Quand ?

ISOLINE.

Ah ! très incessamment. J'attendais... je comptais qu'il me reviendrait quelque chose de chez... de chez ma tante... elle ne m'a rien envoyé... jugez si j'ai été saisie !

MADAME GUENUCHAUD.

Vous pourriez l'être encore, Mademoiselle.

ISOLINE.

Hein ?

MADAME GUENUCHAUD.

Si je ne suis pas payée avant cinq heures, l'huissier saura bien...
~~~~~~

ISOLINE.

L'huissier.

MADAME GUENUCHAUD.

Rappelez-vous que la veuve de l'illustre Chauvinancourt ne se dérange pas deux fois pour neuf cents francs... je reviendrai à cinq heures.

ENSEMBLE.

Air : *Ici pour la fête*, (Mlle ma femme.)

MADAME GUENUCHAUD.

C'est assez attendre ;
Qu'on m'paie et bientôt,
Ou je fais tout vendre ;
C'est mon dernier mot.

TOUTES.

Montrez-vous plus tendre :
Vous aurez bientôt,
En sachant attendre,
L'argent qu'il vous faut.
(*Madame Guenuchaud sort.*)

SCÈNE IV.

LES MÊMES, MOINS MADAME GUENUCHAUD, PUIS MADAME SAINT-FLORENTIN.

MANDARINE.

Et dire que c'est pour ce genre de particuliers qu'il tombe du ciel des maisons toutes bâties..... Ah ! si jamais je deviens propriétaire. (*Elle fait un geste*).

GIBOULETTE.

Méfie-toi... tu fais craquer ton entournure.

MANDARINE.

T'inquiète pas... c'est au théâtre.

GIBOULETTE.

Ah ! alors...

LÉOCADIE, *entrant avec un grand saladier.*

Voilà le rata.

TOUTES.

A table, à table !

MADAME SAINT-FLORENTIN, *entrant.*

Eh bien ! et moi ?

ISOLINE.

Saint-Florentin ! sois la bien-venue ! Léocadie, un couvert de plus... (*A ces dames*). Mesdames, j'ai l'honneur de vous présenter une de mes bonnes amies, profession : solliciteuse. (*Saluts échangés*). *A madame Saint-Florentin*). Ah ça voilà près de deux mois que tu as disparu de l'horizon.

MADAME SAINT-FLORENTIN.

J'arrive de Baden... j'avais été prendre les eaux... mon docteur me l'avait ordonné... mais revenons au sujet de ma visite... je viens t'emprunter...

ISOLINE.

De l'argent ?

MADAME SAINT-FLORENTIN.

Allons donc... entre camarades ça ne se fait pas... non, je viens t'emprunter ton appartement.

ISOLINE.

Mais tu en avais un superbe.

MADAME SAINT-FLORENTIN.

Je l'ai toujours... rue d'Amsterdam... Il n'a pas bougé... mais le mobilier... Il paraît que je lui avais donné le goût des voyages, et un beau jour, pendant mon absence, mon propriétaire lui délivra un passeport, et il est passé à l'étranger, place du Châtelet.

CORALIE, *avec un salut cérémonieux.*

J'en ai eu trois qui ont fait la même traversée, madame.

MADAME SAINT FLORENTIN, *même jeu.*

Je blâme vos propriétaires... madame. (*A Isoline.*) Je viens donc t'emprunter ton appartement, voici pourquoi : hier soir j'étais allé à l'Ambigu, voir la *Closerie des Genets*... eh bien ! au cinquième acte... tu sais que je suis très nerveuse, quand mademoiselle Naptal s'est écroulée... crac... moi aussi, j'ai péché par la base. Mais voilà le plus joli... Il y avait à côté de moi, à la galerie, un brave particulier, qui me voyant chanceler, s'empresse de me prodiguer plusieurs genres de sels qui me rendent immédiatement la connaissance... ce bourgeois part de là, pour me mettre dans la confidence de ses affaires. Il se nomme Colombin... c'est le fils d'un riche capitaliste d'Orléans... Son père, un vieil arriéré, redoutant pour son tendre rejeton les dangers d'une existence loupeuse... exige qu'il s'occupe, qu'il ait un emploi... si ça ne fait pas mal... il vient donc à Paris pour solliciter une place... il aurait besoin d'un protecteur, ou d'une protectrice.. Dam, moi... tu comprends... je ne lui disais rien... il vient me chercher sur mon terrain... Protéger les faibles, solliciter pour les timides, intriguer pour les incapables... le tout moyennant une légère rétribution... tu sais, c'est mon fort... Je lui offre mon appui, je lui donne rendez-vous chez toi, pour aujourd'hui deux heures, et je l'attends...

MANDARINE.

Il ne viendra peut-être pas, il y a comme ça un tas d'intrigants, qui promettent...

MADAME SAINT FLORENTIN.

Chut... j'ai son parapluie.

ISOLINE.

Comment ?

MADAME SAINT FLORENTIN, *montrant un parapluie qui était caché sous sa mantille.*

Voilà le pépin du gentilhomme...

MANDARINE.

Il pleuvait donc quand vous l'avez quitté.

MADAME SAINT-FLORENTIN.

Non... il brouillassait... Vous voyez bien qu'il viendra.

ISOLINE.

Dispose... tu es ici chez toi! (*Une pierre suspendue à une corde vient battre les carreaux, à droite.*) Qu'est-ce que c'est que ça... (*Allant à la fenêtre.*) Ah! je reconnais la livrée, c'est une missive de Passe-Lacet.

MADAME SAINT-FLORENTIN.

Passe-Lacet?

ISOLINE.

Une réfugiée de la rive gauche, provisoirement domiciliée ci-dessus... voyons l'épître... « Mon « amie, j'emprunte la main d'une voisine pour « l'écrire que, dans ce quartier-ci, les costumiers « sont des rats; celui qui m'a loué hier mon titi « pour aller au bal de l'Opéra, a la chose de venir « le rechercher ce matin, et ne veut pas me rendre « mes vêtements ordinaires sans avoir reçu la « monnaie de sa location... l'infortunée Passe-« Lacet, se voit donc condamnée à l'alcove à per-« pétuité, si tu n'as pas celui de lui prêter un cos-« tume quelconque, à l'intention de manger un « morceau avec l'amitié, et de lui conter une « anecdote... » (*Parlé.*) une anecdote. (*Haut.*) un couvert de plus! (*Lisant.*) « Post-scriptum, la « ficelle qui te remettra ce billet, se chargera « volontiers de la pacotille... a déclaré ne pouvoir « signer. » — Un costume!.. elle en parle à son aise!.. Toute ma garde-robe qui est au clou!

MANDARINE.

Eh bien, est-ce que nous ne sommes pas là?.. c'est bien le diable si à nous toutes nous ne pouvons pas composer un habillement...

GIBOULETTE.

Elle a raison... en avant la collecte!

MADAME SAINT-FLORENTIN.

Et moi, je vais faire la quête...

Air : *C'est égal, c'est égal.*

MADAME CABRIOT.

L'Mont-de-Piété que l'ciel confonde,
N'voulut jamais engager
Ce bournous qui vient d'Alger,
Sur son grand âge il se fonde,
Le voilà, le voilà,
La plus bell' fille du monde
Ne peut donner que c'qu'elle a
Tra la la tra la la.

(*Elle remet à madame Saint-Florentin son bur-nous.*)

CORALIE, *parle.*

Et moi, je souscris pour un bonnet. (*Elle ôte son bonnet et le remet à madame Saint-Florentin*)

GIBOULETTE, *chante.*

Dans votre projet j'abonde ;
Ma collerette y passera,
Ma foi, paiera qui pourra !
Si j'en achète une seconde,
La voilà, la voilà, etc.

(*Pendant la musique du chœur Mandarine a fait un paquet avec les différents objets, s'est approchée de la fenêtre et a attaché le paquet à la ficelle suspendue.*)

MANDARINE, *criant.*

Ah! hé! houp!

(*On entend le même cri en réponse.*)

Enlevé!

(*On entend une clariette sous l'autre fenêtre.*)

ISOLINE.

Ah! bon! voilà ma mère!

GIBOULETTE.

La clarinette, c'est ta mère?

ISOLINE.

A ce qu'elle dit..... elle vient tous les matins avec son meuble..... Je lui fais une pension alimentaire. Qui est-ce qui me prête deux sous?

MADAME SAINT-FLORENTIN.

Les voici... cette fille a des sentiments.

ISOLINE, *jetant les deux sous par la fenêtre.*

Hé! là-bas?

MANDARINE.

Voilà comme nous sommes, peu de monnaie, mais bon cœur.

(*On entend dans la coulisse la voix de Passe-Lacet qui chante.*)

Et hioup hioup hioup tra la la la la,
Et hioup hioup hioup tra la la la la,

TOUTES.

Passe-Lacet !

~~~~~~

SCÈNE V.

LES MÊMES, PASSE-LACET.

(*Elle porte le burnous de madame Cabriot, la collerette de Giboulette, et le bonnet de Coralie.*)

Sur son trente-et-un... je ne fais pas de façon, moi, vous voyez... je viens en voisine... à la bonne flanquette..... du moment qu'il n'y a pas d'hommes... gredins d'hommes !

MANDARINE.

Ah! ça, maintenant que nous sommes au grand complet, si nous attaquions la denrée !

PASSE-LACET.

Ah! *oui*! ah! *oui*, et je vous conterai mon aventure entre deux bouchées.
~~~~~~

CHŒUR.

Air : *Enfants de la giberne* (Rocambole.)

La joie assaisonne
Les plus tristes mets,
Et la faim gloutonne
N'raisonne jamais,
Oui, de ce repas sans apprêts
Notre gaîté fera les frais.

(On se met à table.)

PASSE-LACET, *mangeant.*

J'étais donc au bal de l'Opéra, j'avais achevé ma vingt-septième contredanse, les yeux me sortaient de la tête, les iambes me rentraient dans le corps, c'était délicieux... J'allais, pour me refaire, entamer un léger galop... lorsque tout-à-coup, je sens quelque chose qui me tombe sur l'occiput (comme on dit, rue de l'École-de-Médecine), ce quelque chose était un nez... je regarde en l'air, cherchant à qui pouvait appartenir ce cartonnage... lorsque je vois à la première galerie, un jeune homme blond, tenue soignée, beau linge. Comme il avait l'air de chercher ce que j'avais trouvé, je lui crie, eh ! là-bas ? Pas vous, l'autre... C'est-y ça que vous demandez ? Il me fait signe que oui... Puis il vient me rejoindre, et nous causons... v'là qui me dit qu'il est vicomte... Je regarde ses bottes... vernies... j'dis : ça se peut... v'là qui me dit qu'il m'adore... je regarde son lorgnon... ciselé... nous verrons bien. De fil en aiguille, il arrive à me parler mariage... dam, moi, le mariage c'est mon rêve... j'accepte une gazeuse... Bref, il me donne sa carte, je vois une couronne dessus, c'est flatteur... mais ne voulant pas passer auprès d'un être si couronné que ça pour une femme pas née.

MANDARINE.

Pannée...

PASSE-LACET.

Non, sans la moindre naissance... je m'intitule marquise, je m'attribue d'autor, ton appartement, ta rue et ton hôtel, et je lui confie le tout, afin qu'il en abuse... pour le bon motif... je l'attends à deux heures.

MADAME SAINT-FLORENTIN.

Et mon rendez-vous qui est pour la même heure, dans le même appartement.

PASSE-LACET.

Ah ! bah ! quéque ça fait... on tient bien dix-huit, dans un omnibus... je ne pouvais pas le convoquer là-haut ce vicomte... mes chaises n'ont que trois pattes... il n'y a que moi qui peux m'asseoir dessus, un autre se blesserait.

GIBOULETTE.

Et tu vas le recevoir dans ce costume ?

PASSE-LACET.

Ceci est une question comminatoire, comme on dit place de l'École de Droit... à moins qu'il ne m'en tombe un du ciel.

SCÈNE VI.

LES MÊMES, MADAME MALABAR.

ISOLINE.

Juste, voilà ton affaire, la fée aux loques ! la mère Malabar !

PASSE-LACET.

Vive madame Malabar !

TOUTES.

Vive madame Malabar !

MADAME MALABAR.

Vertubleu, qué volée de piérrots ! Bien le bonjour, toute la société.

PASSE-LACET.

Comment ça va, mère Malabar.

MADAME MALABAR.

A la douce, mes enfants, à la douce... paraît que j'arrive ici, comme Mars en caserne, comme disait feu Malabar, tambour-major à l'armée d'Égypte.

MADAME SAINT-FLORENTIN.

De son vivant ?

MADAME MALABAR.

Hélas ! oui... et s'il ne s'était pas laissé emporter par un coup...

ISOLINE.

De canon ?

MADAME MALABAR.

De soleil, on devrait rouler calèche au jour d'aujourd'hui au lieu que me voilà réduite à colporter ma pauvre brocante à pied.

PASSE-LACET.

Et nous à vous l'acheter... *(Bas aux autres.)* A l'œil !..

MADAME MALABAR.

Tiens, à propos de ça, mes amours, voulez-vous voir ma pacotille ? c'est des emplettes que je viens de faire à la vente d'une ingénue des Français... c'est superbe... *(Ouvrant son paquet qu'elle a déposé en entrant sur la table au milieu de la scène.)* Des bijoux, des dentelles, des jaconas et des chats-huants empaillés !

TOUTES.

Des chats-huants ?

MADAME MALABAR.

Des chats-huants !... c'est la fureur... Il n'y a pas de salon bon genre, sans un peu de chats-huants empaillés. *(Étalant sa marchandise.)* Voyez, Mesdames, voyez, la vue n'en coûte rien.

PASSE-LACET.

Ah ! l'amour de costume.

MADAME MALABAR.

Hein, comme il est ficelé, ça me coûte les yeux de la tête...

PASSE-LACET.

A combien ça le met-il ?

MADAME MALABAR.

A 90 francs.

PASSE-LACET.

45 francs par œil !. Et la vue n'en coûte rie ... excusez.

MADAME SAINT-FLORENTIN.

Allons, 40 francs.

MADAME MALABAR.

Comptant ?

MADAME SAINT-FLORENTIN.

La semaine prochaine.

MADAME MALABAR.

Alors... 90... dont 20 francs d'à-compte... tout de suite.

PASSE-LACET.

Ah ! vous n'êtes pas gentille... une ancienne pratique.

MADAME MALABAR.

Tiens, vous me devez déjà 17 livres 3 sous.

PASSE-LACET.

On vous les joue au lansquenet...

MADAME MALABAR.

Merci...

PASSE-LACET, *câlinant.*

Ma petite mame Malabar.

MADAME MALABAR.

Assez de crédit... l'œil est fermé.

LÉOCADIE, *accourant.*

Chuuut... c'est M. Colombin.

MADAME SAINT-FLORENTIN.

Colombin... (*Avec dignité à madame Malabar*). Madame, c'est moi qui paie.

MADAME MALABAR, *à part.*

Cette Saint-Florentin vous a des airs... (*Haut.*) Allons, viens, Passe-Lacet.

PASSE-LACET.

J'aurai le taffetas ?

MADAME MALABAR.

Tu l'auras, mais jusqu'aux 20 francs, je te tiens comme un hanneton, par la patte.

CHŒUR.

Air : *de la Ronde de nuit.* (Mousquetaires de la Reine.)

Qu'on s'éloigne en silence,
Retirons-nous soudain,
C'est un homme d'importance
Que Monsieur Colombin

(*Elle sortent.*)

SCÈNE VII.

MADAME SAINT-FLORENTIN, COLOMBIN.

LÉOCADIE, *annonçant.*

M. Colombin.

COLOMBIN, *du fond.*

D'Orléans.

MADAME SAINT-FLORENTIN, *à part.*

Jobard numéro un...

COLOMBIN.

Permettez que j'essuie mes pieds. (*Il salue Madame Saint-Florentin du fond.*) Madame..Il fait une boue... (*Saluant de nouveau.*) Madame.

MADAME SAINT-FLORENTIN.

Mais entrez donc.... oh ! comme vous voilà fait.

COLOMBIN.

Un peu moucheté... faut vous dire que je suis venu avec l'omnibus... c'est-à-dire, il n'y avait plus de place. Je me suis dit : il va descendre quelqu'un... suivons... je suis... on descend à la station, je me dis montons; on me dit : votre numéro?—17, rue du Bouloi..—Farceur ! laissez monter la correspondance. Elle monte... complet !... en route !... je ne perds pas courage. Je m'dis : il va descendre quelqu'un, suivons.. et je suis... à pied... toujours... jusqu'à votre porte... Ah ! si jamais je reprends l'omnibus...

MADAME SAINT-FLORENTIN.

Et vous ferez bien... je n'ai jamais mis le pied dans ces tombereaux... quand on a sa voiture.

COLOMBIN.

Vous rouleriez carrosse ? Ah ! (*Il tire des gants de sa poche.*)

MADAME SAINT-FLORENTIN.

Quoi donc ?

COLOMBIN, *mettant ses gants.*

C'est un oubli.

MADAME SAINT-FLORENTIN.

Ah !

COLOMBIN, *avec importance.*

Puisque je les ai.

MADAME SAINT-FLORENTIN.

Voyons, causons de votre petite affaire.. qu'est-ce que c'est donc déjà?.... une recette... une sous-préfecture ?

COLOMBIN.

Non, une place d'inspecteur au chemin de fer.

MADAME SAINT-FLORENTIN.

Simple inspecteur, vous, le fils d'un homme s cossu.

COLOMBIN.

C'est papa qui le veut... d'inspecteur au chemin de fer d'Orléans.

MADAME SAINT-FLORENTIN.

J'attends précisément le directeur de cette administration... à dîner...

COLOMBIN.

Il vient manger votre soupe ?

MADAME SAINT-FLORENTIN.

Tous les jeudis, il est même assez gourmet, ce cher... ce cher...

COLOMBIN.

Guenuchaud !

MADAME SAINT-FLORENTIN.

Oui, Guenuchaud !

COLOMBIN.

Ah! je vous en prie, que ça *soie* bon et flan-

quez lui de la nourriture, un kilomètre de nourriture !

SCENE VIII.

Les mêmes, PASSE-LACET, MADAME MA-
LABAR.

MADAME MALABAR, *bas à Passe-Lacet, qui a le
nouveau costume.*
Ne marche donc pas sur ton volant, ça fane.
Bas à madame Saint-Florentin.) Eh bien ? et les
20 francs ?

MADAME SAINT-FLORENTIN, *à part.*
Déjà. (*A Colombin en présentant madame Malabar et Passe-Lacet.*) Madame veuve Malabar, ma
tante... une chanoinesse, et mademoiselle de
Passe-Lacet, ma nièce.

COLOMBIN, *saluant.*
Mesdames...

MADAME SAINT-FLORENTIN, *à part.*
Avant de faire des démarches pour ce jeune capitaliste... assurons-nous d'abord de sa généro-
sité...

COLOMBIN, *qui a salué ces dames, à part.*
La première noblesse de France... (*Montrant
ses gants.*) J'ai bien fait de les mettre !

MADAME MALABAR, *bas à madame Saint-Florentin.*
C'est pas tout ça, et mes 20 francs.

MADAME SAINT-FLORENTIN.
Un moment.

COLOMBIN.
Quoi donc ?

MADAME SAINT-FLORENTIN.
Rien.... cette chanoinesse est d'une indiscré-
tion. Il s'agit d'une loterie.

COLOMBIN.
Une loterie... je la croyais supprimée...

MADAME SAINT-FLORENTIN.
Allons donc... il s'agit d'une loterie au profit des
victimes... du gaz... une folie que je fais... mais vous
savez... le cœur... le premier numéro sortant
gagne un château... à moi, un domaine de famille... Il me reste quelques billets...

COLOMBIN.
Pauvre femme, elle se ruinera !

MADAME SAINT FLORENTIN, *lui présentant un billet.*
C'est vingt francs !

COLOMBIN, *tirant de la poche de côté de son habit
un mouchoir qui est fixé par un nœud à la bou-
tonnière.*
Permettez que je m'empresse.

PASSE-LACET, *à part.*
Est-elle futée cette Saint-Florentin.

COLOMBIN, *dénouant péniblement un des coins du
mouchoir qui renferme de l'argent.*
C'est une précaution que je prends contre les
filous... (*Présentant un louis.*) Voici...

MADAME SAINT-FLORENTIN, *refusant.*
A moi !... oh ! non, notre chère chanoinesse a
bien voulu accepter les fonctions de trésorière....

MADAME MALABAR.
Donnez, petit.

MADAME SAINT-FLORENTIN, *à part.*
Allons, on peut s'intriguer pour ce jeune
homme.

COLOMBIN, *à part.*
Je crois que voilà un bon placement.

SCENE IX.

Les mêmes, CAMUSARD.

CAMUSARD.
Mille et mille pardons... oserais-je vous deman-
der madame la marquise... (*Apercevant Passe-lacet*). Ah !... (*il salue*).

PASSE-LACET, *saluant.*
Monsieur !...

MADAME SAINT-FLORENTIN, *à part.*
Jobard numéro deux.....

PASSE-LACET, *à part.*
Mon rendez-vous ! (*bas à Malabar*). C'est un
baron... filez ! (*madame Malabar remonte et prend
la boîte*).

COLOMBIN, *bas à madame Saint-Florentin.*
Serait-ce par hasard l'administrateur ?

MADAME SAINT-FLORENTIN, *de même.*
Juste, il fait la cour à ma nièce.

CAMUSARD, *à Passe-Lacet.*
Vous voyez, je suis exact, marquise.. l'empres-
sement... le bonheur... (*A part.*) C'est drôle, ça
n'a pas l'air faubourg Saint-Germain.

MADAME MALABAR, *à part, redescendant avec la
boîte.*
Ce noble étranger a une bonne figure, j'ai
bien envie d'acquitter Passe-Lacet... v'lan ! ça va.
(*A Camusard.*) Faites vos emplettes, régalez
vos dames... savon, pommade, cuirs à rasoirs,
brosses à dents, le tout au profit des tremblés de
la Martiniqne...

CAMUSARD, *à part.*
Mais c'est un bazar, que cette vieille-là ?

PASSE-LACET, *prenant un bracelet dans la boîte.*
Ah ! baron, l'amour de bracelet.

CAMUSARD, *à part.*
Ah ! ah ! nous voulons carotter papa... du
flanc...

PASSE-LACET.
Ça vaut ?

MADAME MALABAR.
17 francs et 3 sous, les mêmes de 40 francs.

CAMUSARD.
C'est pour rien... c'est pour rien...

MADAME MALABAR.
Eh bien ?

CAMUSARD.

C'est pour rien. (*Il met ses mains dans ses poches et chante.*) Tu ru, tu, tu, tu ru, tu, tu.

MADAME MALABAR.

Je n'aime pas cet air-là. (*Haut, mettant le bracelet à Passe-Lacet.*) Voyez donc comme ça fait bien.

PASSE-LACET.

Oui, ça donne tout de suite un chic.

CAMUSARD, *à part.*

Ah ! un chic (*A Passe-Lacet en fouillant dans ses poches.*) Du moment qu'il vous plaît... il vous plaît. (*Poussant un cri.*) Ah ! mon Dieu !

PASSE-LACET.

Quoi donc ?

CAMUSARD.

Ce maraud de Jasmin a négligé de mettre de l'or dans mes poches !

MADAME MALABAR.

Le polisson.

COLOMBIN, *à part.*

L'administrateur a oublié sa bourse... est-ce heureux. (*A Camusard.*) Monsieur, permettez que je m'empresse... (*Même jeu avec le mouchoir*) C'est une précaution que je prends contre les filoux...

CAMUSARD.

Ah ! Monsieur, je ne recevrai pas...

COLOMBIN.

Voici une pièce d'or, ma dernière... ce serait me désobliger...

MADAME MALABAR, *la prenant.*

Merci, jeune homme.

CAMUSARD, *à Colombin.*

Mon cher, je vous suis obligé d'un louis...

MADAME MALABAR, *à Passe-Lacet.*

Et le bracelet ?

PASSE-LACET, *le lui remettant.*

Nous sommes quittes.

COLOMBIN, *à part.*

Eh bien le meilleur placement... c'est celui-là.

COLOMBIN, *bas à Saint-Florentin.*

Le moment est bon, si je lui touchais deux mots de mon affaire ?

SAINT-FLORENTIN.

Gardez-vous-en bien... troubler un tête-à-tête... (*Montrant le cabinet à droite.*) Entrez là, et rédigez votre pétition... je l'appuierai...

COLOMBIN.

C'est ça. (*A part.*) Voilà des femmes un peu comme il faut, voilà des femmes.

CHŒUR.

Air : *Entre nous plus de gêne*, (Mlle ma femme.)

Je compte sur son zèle
Fidèle
Me voilà sous son aile
Et je suis du succès
Tout près.

MADAME SAINT-FLORENTIN.

Fiez-vous à mon zèle
Fidèle,
Je vous prends sous mon aile ;
Vous êtes du succès
Tout près.

TOUTES.

Fiez-vous à son zèle
Fidèle,
Vous voilà sous son aile ;
Vous êtes du succès
Tout près.

(*Colombin sort à droite.*)

SCÈNE X.

MADAME SAINT-FLORENTIN, CAMUSARD,
PASSE-LACET.

CAMUSARD.

Ah ça, minute, mes petites chattes ; à présent que nous sommes bec à bec, entre nous, votre noblesse n'est pas meilleur teint que la mienne... à bas les masques ! moi je m'appelle Joseph Camusard, étudiant en droit...

PASSE-LACET.

Encore un, mais ce n'est pas le quartier !

CAMUSARD.

Et de plus principal clerc de-maître Malavoine, huissier patenté.

PASSE-LACET.

Eh ben ! zut ! puisqu'il retourne encore de l'étudiant ! vous voyez en moi Passe-Lacet, ex-écuyère de l'Hippodrôme et premier sujet de l'école royale de danse de Mabille, et du Château-Rouge.

MADAME SAINT-FLORENTIN.

Et en moi, Nini Saint-Florentin, qui, en fait de quartier de noblesse, ne connais guère que le quartier Tivoli...

CAMUSARD.

Bravo, bravissimo !.. (*Criant.*) Vive la Charte !.. la Marseillaise ! et puisqu'on est en famille, en avant la noce !

PASSE-LACET ET MADAME SAINT-FLORENTIN.

En avant !

MADAME SAINT-FLORENTIN.

Un raout... c'est bon genre... un raout improvisé ! oh ! nous danserons la rédowa.

PASSE-LACET.

Connu !.. on fumera, on chantera, et on se rafraîchira en tricotant du tendon d'Achille, comme on dit rue de l'École-de-Médecine... qu'on se le dise !. (*A la cantonade.*) Ohé ! les autres ! arrivez-donc ! ce n'est qu'un étudiant.

SCENE XI.

Les mêmes, AMIES D'ISOLINE, *accourant de tous côtés.*

CHOEUR.

Air : *Signora.* (Part du diable.)

Quoi vraiment,
Un étudiant
C'est amusant ;
C'est surprenant,
C'est inoui ;
Mais avec lui
C'n'est pas la peine
Qu'on se gêne,
Vite à bas
Les embarras,
Plus de contrainte
Et plus de feinte,
On peut parler
Et rigoler,
Tout comme en plein
Quartier latin.

CAMUSARD.

Quelle avalanche !.... il pleut des femmes !..... suis-je dans le paradis de Mahomet, ou dans un bateau de blanchisseuses... Ça m'est égal, je vous retiens toutes pour la première, comme M. Petipa, dans Giselle... Ah ça, mes petits lapins, parlons sérieusement ; un seul danseur pour tant de sylphides, c'est insuffisant... Comment faire ? *(Il fouille dans sa poche, et en tire un nez de carton.)* Oh ! je tiens mon plan..... non, c'est mon nez... Je cours à mon étude, et je vous ramène ici tous mes collègues! les clercs de Mᵉ Malavoine.

TOUTES.

Adopté ! adopté !

(Reprise de la fin du chœur.)
Vite à bas
Les embarras, etc.
(Camusard sort.)

SCENE XII.

Les mêmes, *moins* CAMUSARD, *puis* COLOMBIN.

MADAME SAINT-FLORENTIN.

Ah ! ça, nous recevons du monde.... faut ranger... rangeons.

TOUTES.

Oui, rangeons,
(Elles placent contre le mur les chaises ; l'une balaie, l'autre époussette.)

COLOMBIN, *entrant.*

Pour ce qui est de l'écriture, je me suis appliqué..... *(A Saint-Florentin.)* Ah ça, j'aurai ma place ?

SAINT-FLORENTIN, *sans l'écouter.*

Où mettrons-nous l'orchestre ?

COLOMBIN.

Quel orchestre ? Je vous dis : Ah! ça, j'aurai ma place ? et vous me répondez...

SAINT-FLORENTIN, *indifféremment.*

Ah ! ça, vous tenez donc beaucoup à ce petit emploi ?

COLOMBIN.

Hein ?... Ah ! bien, elle est bonne celle-là... Comment, je vous rencontre hier à l'Ambigu ; tout-à-coup vous me tombez là sur le dos...

SAINT-FLORENTIN.

Les nerfs... mon cher... les nerfs...

COLOMBIN.

Bon, c'est votre maladie..... faut consulter..... moi, je vous reprends, je vous retape, je vous raccommode, et je vous conte mon affaire... avec les personnes comme il faut, je suis comme ça !.. En sortant, il pleuvait .. je vous prête mon parapluie, vous vendez des billets... j'en prends... le bracelet , je l'achète...... et quand j'ai vidé ma pauvre bourse, vous venez me dire... Voyons, est-ce de la causerie, ça ? est-ce de la causerie ?

SAINT-FLORENTIN.

Je vous conseille de vous plaindre ? le fils d'un Crésus.

COLOMBIN.

Mais non..... voilà ce qui vous trompe.... mais non... mon Crésus de père, c'est un conte.

SAINT-FLORENTIN.

Un comte !

COLOMBIN.

Que je vous ai fait. On m'avait dit qu'à Paris, pour réussir, il fallait jeter de la poudre aux yeux; alors je me suis doré sur tranche pour vous intéresser.

SAINT-FLORENTIN.

Voyez-vous, l'espiégle !

PASSE-LACET.

Eh bien ! vous avez joliment réussi !

COLOMBIN.

Et, la vérité pure, c'est que je n'ai rien, pas la moindre monnaie.... Pour un homme, ça suffit... avec des bras, on se tire d'affaire..... mais c'est Minette, pauvre petite.

PASSE-LACET.

Minette ! une chatte ?

COLOMBIN.

Non... une jeunesse qui a mon cœur..... pour toujours, et que j'épouserai... parce, que celle-là, c'est la vertu même...

TOUTES.

A la bonne heure !

COLOMBIN.

Si vous la voyiez..... des mains !.. *(Regardant celles d'une de ces dames.)* Bah ! bien plus grandes que ça !.... et des pieds : *(Regardant les pieds de ces dames.)* Avec les siens, on en ferait pour

toute la société.... Il faut voir, quand elle me ta-
pote les deux joues, et qu'elle me dit avec sa petite voix.,. bonne pâte, va !..... Dam! moi, ça me
remue, et je voudrais... mais je ne suis pas riche.
J'avais une place dans les Messageries... il n'y en
a plus, de Messageries..... alors nous avons pensé
aux chemins de fer, et je suis venu à Paris solliciter avec notre reste... 130 francs!.... Par exemple, aujourd'hui, j'ai fait des bêtises : le bracelet,
la loterie... je ne vous les reproche pas, au moins;
il me reste encore de quoi m'en retourner...

TOUTES.

Pauvre garçon !

COLOMBIN.

Car elle m'attend là-bas , toute seule... au coin
du feu... quand je dis du feu... de la cheminée...
le bois est si cher... et dire qu'elle a été à son aise;
qu'elle a eu une boutique à Paris , où elle était
modiste... comme tout le monde.

SAINT-FLORENTIN.

Modiste !

TOUTES.

Minette la modiste !

COLOMBIN.

Passage du Saumon..... et si elle a été ruinée ,
celle-là, c'est la faute de son bon cœur..... Oui,
des amies..... des mauvaises femmes, qui se font
faire des chapeaux, des robes, des bouracans, un
tas de toiles d'araignées qu'elles ne paient pas.

(*Toutes baissent la tête.*)

PASSE-LACET.

C'est pourtant vrai, ça.

COLOMBIN.

La pauvre marchande veut lutter d'abord......
mais y a pas moyen : la charge est trop lourde....
alors...

Air : *Rassurez-vous, ma mie.*

La misère gratte à sa porte,
Puis elle voit un beau matin :
Les huissiers et leur cohorte
Fondre sur son magasin,
Enfin, las de la poursuivre,
On la chasse en lui laissant
Quoi!... sa vertu pour vivre...
Comme c'est régalant.

TOUTES.

C'est affreux !

COLOMBIN.

Oui, c'est affreux, parce qu'avec ça on crève de
faim à Orléans... au quatrième... sur la cour.

TOUTES.

Pauvre fille !

PASSE-LACET.

J'en pleure.... (*Serrant la main de Colombin.*)
Monsieur, vous êtes un bon enfant, et je... Mesdemoiselles, après ce que nous avons fait...

SAINT-FLORENTIN.

Il faudrait ne pas avoir de cœur pour les aban-
donner.

TOUTES.

Oui, oui...

GIBOULETTE, *offrant une chaise à Colombin.*
Tenez, asseyez-vous.

PASSE-LACET, *apportant un fauteuil.*
Non ! un fauteuil !... Qu'est-ce qu'il faut vous
servir ?

ISOLINE.

Ah! un marron glacé !

MANDARINE.

Il reste du bœuf?

SAINT-FLORENTIN.

Jeune homme, voici votre parapluie.

COLOMBIN.

Faut que je m'en aille ?

TOUTES.

Par exemple !

PASSE-LACET.

S'en aller !... pauvre bichon !

COLOMBIN.

C'est que... quand on est chez des grandes dames... ça intimide, on a peur de gêner...

ISOLINE.

Soyez tranquille..... nous ne vous oublierons
pas. (*Aux autres.*) Mesdemoiselles , nous travail-
lerons, nous ferons des économies, et...

PASSE-LACET.

V'là qu'elle dit des bêtises !

COLOMBIN.

Comme ça, j'aurai ma place?

SAINT-FLORENTIN.

Eh bien! eh bien ! oui, vous l'aurez !

PASSE-LACET.

Cristi ! mesdemoiselles, jurons...

MADAME SAINT-FLORENTIN.

Oui, jurons toutes de ne prendre ni repos, ni
plaisir, avant de lui avoir procuré cette place.....
Nous trouverons le Guenuchaud , nous étudie-
rons ses faiblesses, nous le bloquerons, nous l'as-
siégerons, et nous l'enlèverons d'assaut.

PASSE-LACET.

Oui, d'achar ! Jurons.

CHŒUR.

Air : *Duo de Marco Tempesta* (Irène.)

Que nulle, ici, n'oublie
Le serment qui nous lie,
Jurons ; il faut que le passé
Par l'avenir soit effacé.

COLOMBIN, *à part.*

J'ai affaire à des musiciennes.

SCÈNE XIII.

LES MÊMES, FLORIDOR.

FLORIDOR, *entrant.*

Que vois-je !

TOUTES.

M. Floridor.

FLORIDOR, *à Isoline.*

Ah ! je vous y prends, Madame.

CORALIE, *à part, regardant Floridor.*

Mais je ne me trompe pas... c'est M. Guenuchaud.

FLORIDOR, *à Isoline.*

Voilà donc la société que vous fréquentez ?..

CORALIE, *avec intention.*

Oui, d'anciennes connaissances.

FLORIDOR, *la reconnaissant.*

Ah ! (*Bas*) Chut !..

CORALIE, *à haute voix.*

Bonjour, père Guenuchaud.

TOUTES.

Guenuchaud.

CORALIE, *à Floridor.*

Un client à moi... vous en ai-je arraché de ces cheveux blancs.

FLORIDOR, *bas.*

Mais taisez-vous donc... il ne faut pas dire...

ISOLINE, *pleurant tout-à-coup.*

Ah ! ah ! ah !.. monsieur, vous me trompiez... vous m'aviez promis de m'épouser, et vous êtes marié... ah ! ah !

COLOMBIN, *à part.*

Je ne comprends pas.

SCÈNE XIV.

LES MÊMES, LÉOCADIE, *puis* MADAME GUENUCHAUD ET CAMUSARD.

LÉOCADIE, *accourant.*

Madame Guenuchaud.

FLORIDOR.

Ma femme ! voilà ce que je craignais. Sauvez-moi, cachez-moi !

MADAME SAINT-FLORENTIN, *ouvrant l'armoire.*

Là, dans cette armoire... mais votre conduite est bien immodeste. (*Elle l'enferme.*) Nous le tenons. (*A Colombin.*) Jeune homme vous aurez votre place.

(*Madame Guenuchaud paraît, elle est suivie de Camusard, qui reste au fond.*)

MADAME GUENUCHAUD, *à Isoline.*

Il est cinq heures... je suis exacte... l'argent est-il prêt ?

ISOLINE.

Encore deux jours, j'attends une rentrée.

MADAME GUENUCHAUD.

Ah ! ça, ma chère, est-ce que vous vous moquez de moi... pas de délai... (*A Camusard.*) huissier, vous allez me faire le plaisir de saisir toute cette brocante...

COLOMBIN, *à part.*

Un huissier !.. ah ! le drôle d'administrateur !

MADAME GUENUCHAUD.

Allons vite, le scellé sur les portes... les meubles, les armoires.

FLORIDOR, *ouvrant le guichet de l'armoire.*

Les armoires.

MADAME SAINT-FLORENTIN.

Un instant !..· mademoiselle est mon amie... madame...

MADAME GUENUCHAUD.

Et qu'est-ce que ça me fait ?

MADAME SAINT-FLORENTIN.

Je réponds pour elle.

MADAME GUENUCHAUD.

Vous !.. mais je ne vous connais pas.

MADAME SAINT-FLORENTIN, *montrant le cabinet de gauche.*

Entrez dans ce cabinet, faites les quittances... dans un quart-d'heure vous serez payée... allez ma chère.

MADAME GUENUCHAUD.

Ah ! comme ça, c'est différent.

CHOEUR.

Air : *Mariez vous vite.*

J'en finirai vite, bien vite, très vite
A sortir de ces lieux, je sens que tout m'invite,
Et n'était le salut de mon pauvre loyer,
Je n'aurais pas franchi le seuil de ce guêpier.

TOUTES.

Finissez en vite, bien vite, très vite
A nous débarrasser, ici tout vous invite,
Rien n'éteint la gaîté, comme l'air grimacier
De son propriétaire ou bien de son portier.

(*Madame Guenuchaud entre à gauche.*)

SCÈNE XV.

LES MÊMES, *moins* MADAME GUENUCHAUD.

ISOLINE.

Que veux-tu faire ?

MADAME SAINT FLORENTIN.

Vous le saurez.

FLORIDOR, *ouvrant le guichet.*

Est-elle partie ?

TOUTES.

Oui.

FLORIDOR.

Alors ouvrez-moi.

MADAME SAINT-FLORENTIN.

Impossible de briser le scellé.

FLORIDOR.

Comment ! je suis sous le scellé !

MADAME SAINT-FLORENTIN.

Vous y êtes... Il y aurait bien un moyen de sortir...

FLORIDOR.

Je l'adopte.

MADAME SAINT-FLORENTIN.

Nous devons trois termes... faudrait les payer.

FLORIDOR.

Comment !... au fait, puisque c'est pour ma femme, et que... combien, en tout ?

MADAME SAINT-FLORENTIN.

Quinze cents francs.

PASSE-LACET.

Quinze cents malheureux francs.

FLORIDOR.

Vous m'écorchez, parole d'honneur !... heureusement que j'ai sur moi... (*Comptant les billets*) un, deux, trois billets...

MADAME SAINT-FLORENTIN, *après avoir pris les billets, à Isoline.*

Dis donc, est-ce que tu tiens beaucoup à payer cette Guenuchaud ?

ISOLINE.

Moi... du tout, cet appartement me déplaît... les chemins fument.

MADAME SAINT-FLORENTIN.

Très bien !... M. Colombin... approchez ! (*Elle lui remet les billets*). A mademoiselle Minette, de la part de ses amies de Paris.

TOUTES.

Bravo !

COLOMBIN.

Comment, tout ça ! (*A part*). Voilà des femmes ! (*Haut, nouant les billets dans son mouchoir.*) C'est une précaution que je prends... à Paris, il y a tant...

FLORIDOR.

Cordon ! s'il vous plaît !

MADAME SAINT-FLORENTIN.

Un moment... (*A Colombin*). Votre pétition ?

COLOMBIN.

Ah ! c'est décidément Monsieur qui est le véritable administrateur (*Lui présentant sa pétition*) Monsieur, c'est une demande..... je vous prie d'examiner l'écriture.....

FLORIDOR.

Un solliciteur ! je n'y suis pas. (*Il referme violemment le guichet*).

COLOMBIN.

Allons ! je repasserai.

MADAME SAINT-FLORENTIN.

Du tout ! (*A Floridor*). Monsieur est un parent auquel nous nous intéressons..... c'est..... c'est notre cousin.

PASSE-LACET.

Oui, notre cousin à toutes.

COLOMBIN.

Comment, la branche des Colombins se rattacherait... Cousines, permettez ! (*Il veut les embrasser ; elles se reculent*).

MADAME SAINT-FLORENTIN, *continuant.*

Et ce serait nous désobliger que de refuser.

FLORIDOR.

Non, non, les cousins avec moi, ça ne prend pas...

MADAME SAINT-FLORENTIN, *bas à Guenuchaud.*

C'est le prix de notre discrétion... songez que si madame Guanuchaud savait...

FLORIDOR.

Mais, je n'ai ni plume ni encre.

CAMUSARD.

Présent, je ne sors jamais sans ça. (*Tirant de sa poche une plume et un encrier*). Voilà le cornet.

PASSE-LACET.

Le cornet de bonbons à Monsieur.

MADAME SAINT-FLORENTIN.

Ecrivez ! (*Haut*). La dite place accordée au sieur Colombin....,

PASSE-LACET.

A la condition qu'il épousera mademoiselle Minette dans le mois... (*Aux femmes*). J'insère cette clause... les hommes sont si galopins !...

COLOMBIN.

Ah ! merci, tenez, la plus comme il faut... c'est vous.

FLORIDOR, *achevant d'écrire.*

Dans le mois... ((*Madame Saint-Florentin ouvre la porte de l'armoire*).

FLORIDOR, *sortant de l'armoire.*

Enfin ! (*Bruit en dehors ; — l'orchestre joue en sourdine la ritournelle d'une polka*).

CAMUSARD.

Mesdemoiselles, les clercs de mon étude que je vous présente ! (*Entrée des clercs*).

PASSE-LACET, *les regardant entrer.*

Ah ! les beaux cavaliers !... Maintenant, mesdemoiselles, en avant la rédowa !

TOUTES.

La rédowa, la rédowa ! (*On danse ; madame Guenuchaud paraît*).

MADAME GUENUCHAUD.

Qu'est-ce que c'est que ça ?

FLORIDOR.

Ma femme ! où me fourrer !

CAMUSARD, *tirant le nez de carton de sa poche.*

Là-dessous !... (*continuant à danser*) Le pas des guirlandes !

FLORIDOR, *mettant le nez.*

Le pas des guirlandes ! (*Il danse devant sa femme*).

MADAME GUENUCHAUD *présentant les quittances à Isoline.*

Mademoiselle...

ISOLINE, *dansant.*

Ca ne me regarde pas...

MADAME GUENUCHAUD, *présentant les quittances à madame Saint-Florentin.*

Madame...

MADAME SAINT-FLORENTIN.

Ah ! vous avez les quittances ?

MADAME GUENUCHAUD.

Oui.

PASSE-LACET.

Eh bien ! gardez-les !

MADAME GUENUCHAUD, *exaspérée.*

Ah ! (*Colombin s'empare de madame Guenuchaud, et l'entraîne dans la danse. — La toile tombe*).

FIN.

Lagny. — Imp. hydraulique de GIROUX et VIALAT.